昔話法廷

NHK Eテレ「昔話法廷」制作班 編

今井雅子 原作　イマセン 法律監修

伊野孝行 挿画

これからちょっと不思議な裁判《さいばん》が始まろうとしている。

被告人《ひこくにん》は『三匹《びき》のこぶた』のコブタ、

『カチカチ山』のウサギ、『白雪姫《しらゆきひめ》』の王妃《おうひ》。

昔話の登場人物たちが現代の法廷《ほうてい》で裁《さば》かれる「昔話法廷」開廷《かいてい》。

昔話法《ほう》廷《てい》

第一章　『三匹《びき》のこぶた』裁判《さいばん》

裁判長が法廷《ほうてい》に入ってきた。弁護人、検察官、傍聴人《ぼうちょうにん》、法廷にいる全員が立ちあがって一礼する。

「それでは開廷《かいてい》します」

裁判長の声がかかり、これからある裁判が始まろうとしていた。
女子大生の広瀬千明《ひろせちあき》は、今回、裁判員のひとりに選ばれた。
裁判員は、千明の他5人。若《わか》い女性と、主婦と思われる50代くらいの女性、男性は20代くらいの人と、スーツを着たビジネスマン、それに自営業風の40代。千明《ちあき》たち裁判員《さいばんいん》は、これから法廷《ほうてい》でみたり、聞いたりすることをもとに、このちょっと不思議な裁判の判決を考えなければならない。

赤いボーダーのパーカーに、オーバーオールという出でたちの被告人が証言台の前に進みでる。ブタのトン三郎《ざぶろう》だ。傍聴席《ぼうちょうせき》にはトン三郎のふたりの兄、トン一《いち》郎《ろう》とトン二郎《じろう》もいた。

トン三郎は、自分の家に押しいってきたオオカミを殺した罪に問われている。

「検察官、この『三匹《びき》のこぶた』裁判で、トン三郎はどんな罪を犯したというのか、述べてください」

裁判長が検察官に向かってゆっくりといった。

検察官・相田智子《あいだともこ》が立ちあがる。

「はい、起訴状《きそじょう》を読みあげます」

きびきびとした印象の検察官が、やや早口で切りだした。

「被告人《ひこくにん》のトン三郎《ざぶろう》は、ふたりの兄がオオカミに食べられそうになったので、次に自分がおそわれる前にオオカミを『殺そう』と決意しました。

7月7日、午後3時ごろ、自らオオカミを自宅《じたく》におびきよせたトン三郎は、あらかじめ戸や窓《まど》をふさぎ、オオカミが煙突《えんとつ》から入るよう仕向けました。

そしてお湯をわかしておいた大なべの中に、オオカミを転落させました。

トン三郎はすかさずなべにふたをすると、重しの石をのせ、オオカミを死亡《しぼう》させたのであります」

検察官は、ひと呼吸《こきゅう》おき、ゆっくりと罪名と罰条《ばつじょう》を読みあげた。

「トン三郎が犯した罪は、刑法《けいほう》第一九九条の『殺人罪』に当たります」

「殺人罪」という言葉の与えるイメージと裏腹《うらはら》に、裁判長《さいばんちょう》がおだやかにトン三郎《ざぶろう》にたずねる。

「被告人《ひこくにん》、今検察官が読みあげた事実に、まちがいはありませんか？」

「はい……。ぼくはオオカミを殺してしまいました……。でも、おびきよせてなんかいません。オオカミが突然《とつぜん》おそってきたんです！」

トン三郎はきっぱりといった。


「弁護人の意見はいかがですか？」

裁判長の問いかけに、トン三郎の弁護人・山西《やまにし》ハジメが立ちあがる。

ちょうネクタイに、胸《むね》ポケットから少しみえているオレンジ色のポケットチーフが、紳士的《しんしてき》な雰囲気《ふんいき》をかもしだしている。

「はい。トン三郎がいった通りです。これは自分の命を守ろうとしてやった行為《こうい》ですので、『正当防衛で無罪』です」

千明《ちあき》は、弁護人の「正当防衛」という言葉を頭の中でくりかえす。

今回の裁判《さいばん》のポイントは、トン三郎《ざぶろう》に「正当防衛」が認《みと》められるかどうかだ。

突然《とつぜん》オオカミにおそわれたトン三郎が、自分の身を守るために殺したのなら「無罪」。計画的におびきよせて殺したのなら「有罪」だ。

証人　オオカミの母　検察側　主尋問《しゅじんもん》

検察官が証人に呼《よ》んだのは、亡《な》くなったオオカミの母親だった。

落ちついた色のワンピースに、地味なカーディガンをはおっている。かしこまった様子で母親は証言台の前に立った。

検察官が母親にたずねる。

「あなたは事件の第一発見者ですが、どうしてトン三郎《ざぶろう》の家に行ったのですか?」

起訴状《きそじょう》を読みあげた時とは別人のように、検察官の声はやわらかいトーンに変わっている。

「息子が晩《ばん》ご飯の時間になっても帰ってこなくて……」

その日、夕飯の時間になってもオオカミは帰ってこなかった。心配した母親がカレンダーをみると……

「3時　豚肉《ぶたにく》パーティー　トン三郎の家」

7月7日の欄《らん》にそう書かれている。

それをみた母親は、急いでトン三郎の家に向かった。

7月 2015
WED
THU
SUN
MON
TUE
1
2
3
5
6
7
8
9
3時
豚肉パーティー
トン三郎の家

「それで、中には入れましたか？」

検察官から母親への質問が続く。

「いいえ。ノックをしても返事がありませんでした。それに窓《まど》には板が打ちつけられていたんです」

検察官は一瞬《いっしゅん》、固唾《かたず》をのんで、こう質問した。

「すきまから……何がみえましたか？」

「大きななべの中で……息子が……ぐったりして……」

母親はそこまでいうと、証言台につっぷして泣きくずれた。すかさず検察官が寄りそい、母親を助けおこす。

「大丈夫《だいじょうぶ》ですか？　ゆっくりでいいですからね……。

他に何かみえましたか？」

母親は自分を落ちつかせるように胸《むね》に手を当てながら、ゆっくりと顔を起こし

て答えた。

「他には、テーブルの上に『オオカミのただしいころし方』という本がありました」

母親の言葉にかぶせるように検察官が言葉をつぐ。

「本のタイトルをくりかえします！　『オオカミの、ただしい、ころし方』、ですね？」

母親は小さく何度もうなずきながら、きっぱり「はい」と答えた。

（トン三郎《ざぶろう》はその本で、オオカミの殺し方を研究していたってこと!?）

千明《ちあき》には被告人席《ひこくにんせき》のトン三郎の顔が、一瞬《いっしゅん》くもったようにみえた。

証人　オオカミの母　弁護側　反対尋問《じんもん》

「それでは弁護人、反対尋問をお願いします」

「はい」

裁判長《さいばんちょう》に答えて、弁護人が立ちあがる。


「あなたがトン三郎《ざぶろう》の家に行ったのは、夕方の6時ごろでしたね？」

弁護人が母親に質問を始めた。

「はい、そうですけど……」

母親の答えが腑《ふ》に落ちない様子で、弁護人は証言台の方へ歩みよった。

「日がおちて、うす暗い森の中、トン三郎の家に明かりはついていなかった。それで、中の様子はちゃんとみえたんでしょうか？」

「ええ！　はっきりみえましたよ！」

弁護人の質問が心外だとでもいうように、母親は大げさな身ぶり手ぶりを付けていった。

「うーん、そうですか……」

弁護人は少し考えこむようにうつむくと、一冊《さつ》の本を取りだし、裁判員《さいばんいん》たちにみせた。

「裁判員のみなさん、これは現場に置いてあった本です。お母さん、すみませんが、タイトルを読みあげていただけますか？」

弁護人が、持っていた本の表紙を母親に指ししめす。

「『オリガミのたのしいおり方』……」

母親が読みあげたタイトルを聞いて、傍聴席《ぼうちょうせき》にざわめきが広がる。

「ええー、オリガミ？」

「オリガミだって……」

「オリガミ⁉」

千明《ちあき》もまじまじと本をみると、心の中でさけんだ。

（お母さんのみまちがいだったってこと？）


法廷内《ほうていない》に残るざわめきを無視《むし》して、弁護人は母親に質問を続ける。

「あなたがみたのは『オオカミのただしいころし方』、ではなく、この『オリガミのたのしいおり方』だったんじゃないでしょうか？」

「異議《いぎ》あり！　答える必要ありません！」

すかさず検察官が異議を唱えた。

「そんなはずないわ！　たしかにみたのよー！」

母親はこぶしで証言台をたたいて主張した。

「ほんとかな？　では、次の質問にいきましょう。息子さんの部屋のカレンダーについて、質問しますね……。カレンダーには、なんと書かれていましたか？」

母親を追いつめるように、弁護人がゆっくりと母親のまわりを歩きはじめる。

いらだちをかくせない母親が、ヒステリックに答えた。

「『3時』『豚肉《ぶたにく》パーティー』『トン三郎《ざぶろう》の家』ですよ。トン三郎がパーティーをやるっていって、息子をおびきだしたのよ！」

母親とは裏腹《うらはら》に、弁護人の冷静な声が続く。

「なるほど……。

では仮に、トン三郎が息子さんをパーティーに呼《よ》んだのだとしましょう。

そういう時にですね、『豚肉パーティー』といういい方をするでしょうか？」

「ええっ？」

7月 2015
SUN
MON
TUE
WED

うっすらと笑みさえうかべている弁護人の質問に、不意を突《つ》かれたように、母親の語気は急に弱々しくなった。

さらに弁護人が続ける。

「だってそれって……『ぼくを食べて、みんなで盛《も》りあがろう！』といってるのと同じですよね？　つまり、『豚肉《ぶたにく》パーティー』というのは、息子さんが『トン三郎《ざぶろう》を食べにいくぞ！』という意味だったんじゃないでしょうか？」

「異議《いぎ》あり！　憶測《おくそく》です！」

間髪《かんはつ》を入れず、検察官が異議を唱えた。

弁護人は裁判長《さいばんちょう》に向きなおり、にっこりとほほえんでいった。

「以上です」

（うーん、なるほどな……。でも、もしもトン三郎《ざぶろう》がオオカミを挑発《ちょうはつ》しておびきよせたとしたら、わざと「豚肉《ぶたにく》パーティー」って言葉を使うこともあるんじゃないかな……）

千明《ちあき》の頭の中には「食えるもんなら　食ってみろ！」と書かれた招待状を、苦々しい表情で読んでいるオオカミの姿《すがた》がうかんでいた。

〔証人　トン一郎《いちろう》　弁護側　主尋問《しゅじんもん》〕

続いて弁護人は、トン三郎の兄・トン一郎を証人に呼《よ》んだ。

トン一郎が証言台の前に進む。白いシャツにアスコットタイという、長男らしい落ちついた身なりをしている。

豚肉パーティー
7月7日
午後3時
食えるもんなら
食ってみろ！
トン三郎

弁護人はトン一郎《いちろう》に歩みよりながら質問を始めた。

「あなたは、亡《な》くなったオオカミのことを、事件の前から知っていましたか？」

「はい。オオカミはある日突然《とつぜん》、おそってきたんです。

ぼくが住んでいたワラの家をふきとばすと、弟のトン二郎《じろう》の木の家も、あっという間にふきとばしました！

ぼくとトン二郎は、命からがらトン三郎《ざぶろう》の家ににげこんだんです」

トン一郎はその時の恐怖《きょうふ》を思いだしたのか、自分を落ちつかせるように胸《むね》に手を当てている。

「オオカミは、あなたたちを食べにきたんですね!?」

弁護人が「食べにきた」を強調していった。

「はい。オオカミは、ついにトン三郎のレンガの家にもおそってきたんです。

オオカミが入ってきたらおしまいだと、ぼくら兄弟三人は、あわてて戸や窓《まど》に

板を打ちつけました」

矢つぎ早に弁護人は質問を続けた。

「でも、オオカミはあきらめなかったんですよね？」

「はい！」

弁護人に顔を付けそうな勢いで、トン一郎《いちろう》は証言台をバンッと一度たたくと、声をあららげてこういった。

「オオカミは煙突《えんとつ》から入ってこようとしたんです！　『食べてやる！』とさけんでいました！」

「それは怖《こわ》かったでしょう？」

弁護人は一拍《いっぱく》おくと、おおげさにトン一郎にたずねた。

「……で、どうなりました？」

「はい、すぐにトン二郎《じろう》と、となりの部屋の押しいれににげこみました」

千明《ちあき》は、まるで自分も現場にいるような気がしてきて、トン一郎《いちろう》を固唾《かたず》をのんでみまもっている。

その瞬間《しゅんかん》、はっきりとした声で弁護人から質問が飛んだ。

「その時、トン三郎《ざぶろう》はどうしたんですか？」

「……にげおくれました……。腰《こし》がぬけて動けなかったようです」

トン一郎の証言を聞いていたトン三郎は、視線《しせん》を落とすと、ゆっくりとうつむいた。

証人　トン一郎　検察側　反対尋問《じんもん》

検察官の相田《あいだ》が、神妙《しんみょう》な顔で台車をおして法廷《ほうてい》に入ってきた。台車には直径60〜70センチメートルはあろうかという大きな石がのっている。

「これはトン三郎《ざぶろう》がオオカミをなべに閉《と》じこめるために、重しに使ったつけもの石です。

トン一郎《いちろう》さん、ちょっと、持ちあげてみてもらえますか？」

「はあ……」

トン一郎は大きくひと息はくと、腰《こし》をかがめて石に両手をまわした。

「ん、ん、ん……ちょっと……」

やっとの思いで石を持ちあげたが、腰くらいの高さまであげるのが精いっぱいだった。トン一郎はふうふういいながら、台車に石をもどした。

「ありがとうございました」

トン一郎のあらい呼吸《こきゅう》が落ちつくのを待って、検察官がすずしい声でいった。

「さて、トン一郎さん！　こんなに重い石を、腰をぬかしていたトン三郎が素早くなべのふたの上にのせる……そんなことが可能だったんでしょうか?」

トン一郎《いちろう》は先程とは別人のように、手をふりあげて強い口調で答えた。

「死ぬところだったんですよ! 信じられない力が出たんです!」

「そうかなあ……。

本当は三人で計画したんじゃありませんか?」

検察官が語気を強めて続ける。

「あなたとトン二郎《じろう》さんがふたりで石を持ちあげ、トン三郎《ざぶろう》がふたをしたところに素早くのせる。そういう作戦だったんじゃありませんか!?」

「異議《いぎ》あり!」

すかさず弁護人が異議を唱えた。

検察官は、裁判官《さいばんかん》の方に向きなおると、弁護人の言葉に重ねるような速さで答えた。

「これは殺害の計画性に関わる重要な質問です！」

「そんなことはしていません！」

すぐにトン一郎《いちろう》が否定《ひてい》した。

その顔を千明《ちあき》は困惑《こんわく》した表情でみつめていた。

被告人《ひこくにん》　トン三郎《ざぶろう》　弁護側　主質問

いよいよ被告人・トン三郎への質問が始まった。

まず弁護人が立つ。

「オオカミが煙突《えんとつ》から入ってきて、怖《こわ》かったでしょうね……」

「はい。腰《こし》がぬけて、もう終わりだって……思いました。そしたら、オオカミが足をすべらせて、なべに落っこちてきたんです」

「それであなたは、あわててなべに、ふたをしたんですね」

一語一語確認《かくにん》するように、弁護人がトン三郎《ざぶろう》に問いかける。

「はい。なべから出てきたら食べられてしまう……。とにかくぼくは必死でふたをおさえつづけたんです」

ふたをおさえる仕草をしながら答える。少し間をおいてトン三郎は続けた。

「しばらくして、おそるおそるふたを開けてみたら……オオカミが死んでいました……」

トン三郎は大きくうつむいた。

「……その時、あなたはどんな気持ちでしたか？」

「助かった……と、正直、ほっとしました……」

トン三郎は遠くをみつめて答えた。

弁護人はトン三郎に同情するように一度はなをすすると、大きく息をはいて

いった。

「そうでしたか……。以上です」

千明《ちあき》は納得《なっとく》したように、小さく頭を上下に動かした。

被告人《ひこくにん》　トン三郎《ざぶろう》　検察側　反対質問

「それでは検察官、質問をどうぞ」

裁判長《さいばんちょう》の言葉に検察官が立ちあがり、トン三郎に質問を始めた。

「あなたは板で戸や窓《まど》はふさいだのに、煙突《えんとつ》だけはふさがなかったんですよねぇ。……それって、『どうぞここからお入りください』と、いわんばかりではありませんか？」

「そんな……まさか煙突《えんとつ》から入ってくるなんて、思わないですよ」

検察官が質問を続ける。

「しかも、あなたの家の煙突の中は、油がギトギトにこびりついていた！　オオカミを煙突にさそいこみさえすれば、足をすべらせてなべに落ちる！　そういう計画だったんじゃありませんか!?」

「ちがいます！」「異議《いぎ》あり！　誘導尋問《ゆうどうじんもん》です」

トン三郎《ざぶろう》と弁護人の声が同時に飛んだ。


「質問を変えましょう！」

そういうと検察官は法廷《ほうてい》の入り口に顔を向けていった。

「お願いします！」

男性がふたりがかりで、大きなものを法廷内に運びいれる。

一体何がでてきたのかと、法廷《ほうてい》にいる全員の目が一斉《いっせい》に向けられる。

千明《ちあき》も身を乗りだして、入ってきたものをみつめている。

法廷の中央に大きななべが鎮座《ちんざ》した。

直径1メートルはあるだろうか。高さは検察官の胸《むね》くらいまである。まるで風《ふ》呂《ろ》のような大きさのなべには、木のふたがかぶせてあった。

検察官が質問を再開する。

「これはあなたの家にあったなべです。

あなたは、いつ、これを買いましたか?」

「たしか……」

「購入《こうにゅう》したのは、事件の3日前ですね!」

トン三郎《ざぶろう》が考えている間に、検察官が答えた。検察官のするどい視線《しせん》がトン三郎につきささる。

「オオカミの体がすっぽり入るほどの大きななべが、どうして必要になったんでしょう⁉」

「兄たちと三人暮《ぐ》らしになったからですよ。ぼくたちブタが大食いなのは、みんな知ってるでしょっ！」

トン三郎《ざぶろう》は胸《むね》をぐっとつきだすようにして、きっぱりと答えた。千明《ちあき》には少しいらだっているようにみえた。

傍聴席《ぼうちょうせき》でふたりの兄が大きくうなずいている。

検察官はゆっくりトン三郎に近づきながら、次の質問に移る。

「しかも犯行当時、大量のお湯がグツグツわいていた。食事時でもないのに！」

「それは！　部屋が乾燥《かんそう》しないように、一日中、お湯をわかしっぱなしにしているんですよ！　そこにたまたまオオカミが落ちてきたんです！」

「ふう〜ん」

検察官はトン三郎《ざぶろう》にかなり接近すると、疑《うたが》い深そうにその顔をながめまわしている。

「そうかなぁ〜」

まるでひとり言のようにつぶやくと、くるっと裁判長《さいばんちょう》の方に向きなおって検察官はいった。

「以上です」

千明《ちあき》は首をかしげながら、トン三郎をしげしげとみた。

(全てはトン三郎のシナリオ通りだった!?

うーん、でも、もしオオカミが煙突《えんとつ》からすべりおちなければ……。

もしオオカミがふたを持ちあげてなべから出てきたら……。

トン三郎の命はなかったんだよな)

最終弁論《べんろん》

まず最終弁論に立ったのは検察官だった。

「裁判員《さいばんいん》のみなさん、トン三郎《ざぶろう》が事件直前に大なべを購入《こうにゅう》していたこと、タイミングよく大量のお湯をわかしていたことなどから、オオカミをおびきよせて殺したことは明らかです！

これは、『計画的犯行』ですから、正当防衛は認《みと》められません！

トン三郎は……『有罪』です！」

最後の部分を検察官はひときわ大きな声でいいきった。

弁護人が続く。

「裁判員《さいばんいん》のみなさん、トン三郎《ざぶろう》の立場になって考えてみてください。身の危険《きけん》をおかしてまで、おそろしいオオカミをわざわざおびきよせるでしょうか!?　失敗した時のリスクがあまりにも高すぎます」

弁護人の横に座《すわ》っているトン三郎はうつむいている。

「突然《とつぜん》おそってきたオオカミから、自分の身を守るためには……殺すしかなかった……。

これは『正当防衛』ですので、トン三郎は『無罪』です」

弁護人は裁判員たちに強い視線《しせん》を送りながらいった。

「これで全ての審理《しんり》が終わりました。これから裁判員のみなさんと、判決を話しあいます」

持っているペンを口にくわえる者、胸《むね》の前で両手を組んでトン三郎《ざぶろう》をじっとみつめる者、目を閉《と》じている者……。

閉廷《へいてい》をつげる裁判長《さいばんちょう》の横に並《なら》ぶ裁判員たちは、みな一様に考えこんでいる。

千明《ちあき》の頭の中では、最終弁論《べんろん》の検察官と弁護人の言葉がグルグルまわっていた。

(トン三郎は計画的犯行で「有罪」か、それとも正当防衛で「無罪」か……。

どっちなんだろう……?)

評議

「では、これから評議を始めます。裁判員《さいばんいん》のみなさん、思ったこと、疑問《ぎもん》に感じたこと、なんでもいいので、遠慮《えんりょ》なく話してください」

法廷《ほうてい》から別室に移り、裁判長と裁判官、裁判員で評議が始まった。

千明《ちあき》の頭には、被告人《ひこくにん》トン三郎《ざぶろう》と、その兄たちの姿《すがた》がうかんでいた。

(遠慮なく話してっていわれてもなぁ……)

三匹《びき》とも、とても「計画的に」オオカミを殺すようにはみえない。

すると若《わか》い男性の裁判員・児玉《こだま》が口火を切った。

「ぼくはやっぱり計画的犯行だと思います」

裁判員《さいばんいん》全員の目が彼《かれ》に向けられる。

「だって、事件の3日前に大なべを買ってるって都合よすぎでしょ。それに食事時でもないのに、ふつう、あんなにお湯わかさないでしょ？」

（うーん……）

児玉《こだま》以外の裁判員は全員、納得《なっとく》いかないような表情をして首をかしげている。

「まあ、そう結論《けつろん》を急がず、まずは、オオカミのその日の行動を考えてみましょうか」

裁判長が提案した。

若《わか》い女性の裁判員がつぶやくように話しはじめた。

「カレンダーには『3時　豚肉《ぶたにく》パーティー　トン三郎《ざぶろう》の家』と書いてあったのよね……。これはオオカミが書いたものでしょ。仮に『今日はトン三郎をおそってやる！』って決めていたとして、『3時』って、時間をきっちり決めるかしら？」

「うん、たしかに……。もしトン三郎《ざぶろう》をおそおうと考えていたとしても、わざわざそんなことカレンダーに書いたりしないかも……」

千明《ちあき》も同意した。

「だからトン三郎の計画的犯行なんだって！　トン三郎が『その日の3時に家に来て』って呼《よ》びだしたんだろう」

先程の児玉《こだま》がいった。

千明は、あの大きなオオカミがおそってくるシーンを思いうかべてみる。けっこう怖《こわ》いことだと思った。

「広瀬《ひろせ》さん、何か？」

裁判長《さいばんちょう》にうながされ、千明は正直に今思ったことを話した。

「あのオオカミがおそってくるって、トン三郎にとってはすごい恐怖《きょうふ》だと思うんです。いくら計画を練っても、ひとつまちがえば、自分たちが食べられてしまうわけですから……」

他のふたりの女性裁判員《さいばんいん》もうなずいている。

すかさず児玉《こだま》が強い口調で返す。

「だから、いろいろ準備したんじゃない。大なべにふたに重しの石。窓《まど》や戸をふさいでおいて、煙突《えんとつ》だけふさがないってのも妙《みょう》な話だよ。あらかじめ日時を決めておいて、それまでに準備ばんたん整えたってことでしょ!!

あの煙突からすべりおちて熱湯の中に落ちたら、なべからはいでて、ブタたちをおそうことなんてできないでしょ。全部、トン三郎《ざぶろう》の想定内だよ」

「でもトン一郎《いちろう》さんとトン二郎《じろう》さんは、家までふきとばされて、命からがらにげてきたわけですよね。万が一、オオカミがなべから出てきた時に、ふたりの兄も守って、自分の命も守るって、相当、勇気と力がないと無理だと思うんですが……」

千明《ちあき》の言葉を受けて、もうひとりの若《わか》い女性裁判員《さいばんいん》が続ける。

「そうそう。煙突《えんとつ》をふさぐったって、屋根に上ってでしょ。そんなの大変だし、第一、煙突ふさいだら、お湯がわかせなくなっちゃうんじゃない？」

三匹《びき》のこぶたの立場で考えると、千明たち女性陣《じん》にはどうしても計画的犯行だとは思えなかった。

「わかってないなぁ」とでもいうように、児玉《こだま》は少しあきれた様子で返した。

「あのねえー、そこがねらいでしょ。だって、ワラの家と木の家だよ。ふつうそんなヤワな家、建てないっしょ。まず兄たちをおそわせておいて、自分だけがんじょうな家にして、オオカミをおびきよせる。トン三郎《ざぶろう》は兄弟の中で、いちばん頭がいいんだよ。そのくらい考えつくでしょ。

三匹で協力して、にっくきオオカミをたおす。トン三郎は正当防衛が認《みと》められない。これで決まり！」

「ええーっ!?」

おどろいた千明《ちあき》は思わずさけんでしまった。

（ワラと木の家を建てさせたのも、トン三郎《ざぶろう》の計画の一部!?）

家を建てるのにレンガ造りにしたトン三郎は、たしかに兄弟の中で、いちばん頭がいいといえる。頭のいいトン三郎なら、オオカミに対して身を守る術《すべ》をずっと考えていたとしてもおかしくはない。

女性陣《じん》も、計画的犯行にかたむきだしているようだった。

「でも……もしオオカミが煙突《えんとつ》から入らなかったら、どうなっていたのかな？たとえば、窓《まど》を打ちやぶって入ろうと思えば、オオカミの力なら入れたんじゃないかな？」

千明の投げかけた問いに、他の女性裁判員《さいばんいん》が答える。

「煙突以外のところからオオカミが入ってきていたら、大なべも重しの石も役に立たないわよね……。そうするとこの計画的犯行は、オオカミが煙突《えんとつ》から落ちてくることが大前提になる」

「あっ！　そもそもお湯をわかしていたんだから、煙突からは煙《けむり》が出ていたんじゃないかな？　そんな煙の出てる煙突からオオカミが入ってくるなんて、ふつう思わないかも……」

千明《ちあき》の言葉に、児玉《こだま》の顔色が変わっていく。

（となると、これは計画的犯行とはいえない。オオカミから自分と兄たちを守るための正当防衛で、無罪ということでいいのかな……）

千明の頭の中では、結論《けつろん》が出ようとしていたところだったが、カレンダーのことは引っかかったままだった。

他の裁判員《さいばんいん》たちも、すっきりしている様子ではない。評議はさらに続いた。

オオカミのただしいころし方
オオカミのただしいころし方

第二章　『カチカチ山』裁判《さいばん》

「それでは開廷《かいてい》します」

女子大生の高原聡子《たかはらさとこ》は、ちょっと不思議な裁判の裁判員に選ばれた。
被告人《ひこくにん》はウサギ。
ウサギはタヌキを殺そうとした罪に問われている。
裁判員は聡子を入れて6人。男性3人、女性が3人、年齢《ねんれい》も20代から50代くらいまでとばらばらだった。

聡子《さとこ》たち裁判員《さいばんいん》は、これから法廷《ほうてい》でみたり聞いたりすることをもとに、この裁判の判決を考えなければならない。

被告人《ひこくにん》のウサギが法廷の中央にある証言台の前に進む。

こん色の着物の上に、緑色のそでなしはんてんを着ている。

「検察官、今回の『カチカチ山』裁判、ウサギはどんな罪を犯したというのか、述べてください」

裁判長の言葉で裁判が始まった。

検察官・内川花《うちかわはな》が立ちあがって裁判長に答える。

「はい。起訴状《きそじょう》を読みあげます。

被告人《ひこくにん》のウサギは、親代わりのおばあさんを殺したタヌキへのかたきうちを決意。逃亡中《とうぼうちゅう》のタヌキに言葉たくみに近づきました」

ウサギは神妙《しんみょう》な顔でうつむいている。検察官が続ける。

「まずウサギはタヌキが背負《せお》ったたきぎに火をつけ、背中《せなか》に大やけどをおわせました。そしてその傷口《きずぐち》にとうがらしみそをぬりつけ、さらなる苦痛《くつう》をあたえました。さらにウサギはタヌキを泥《どろ》で作った舟《ふね》に乗せ、池にしずめようとしました。タヌキは通りかかった村人に救われたものの、一時、意識不明の重体におちいりました。

ウサギの犯した罪は、刑法《けいほう》第一九九条、第二〇三条の『殺人未遂罪《みすいざい》』に当たります」

「殺人未遂罪」のところを、検察官はひときわ声が通るようにワントーンあげて

読みあげた。

ウサギは大きくうなだれている。

「被告人《ひこくにん》、今検察官が読みあげた事実に、まちがいはありませんか？」

裁判長《さいばんちょう》が静かにウサギに問う。

「はい、まちがいありません」

ゆっくりと落ちついた口調で、まっすぐに裁判長をみながらウサギは答えた。

「弁護人、いかがですか？」

「ウサギのいった通りです」

法廷中《ほうていじゅう》にひびきわたるような大きな声で、弁護人・宮前卓郎《みやまえたくろう》が立ちあがって続けた。

「ただし！　これは、親のようにしたっていたおばあさんをタヌキに殺された無念さゆえの犯行であり、十分に同情の余地があります。刑《けい》を軽くして『執行猶予《しっこうゆうよ》』を求めます！」

弁護人の言葉にウサギは顔を上げた。

「執行猶予」とは、刑務所《けいむしょ》には入れずに、今の生活の中で反省させ、更生《こうせい》する機会を与《あた》えることである。

「執行猶予」という言葉を聞いた瞬間《しゅんかん》、裁判員《さいばんいん》の聡子《さとこ》は、緊張《きんちょう》した面持ちに変わった。

（タヌキを殺そうとしたことはウサギも認《みと》めている。ふつうであれば刑務所に入ることになる……。

でも弁護人はウサギに執行猶予を求めた。

タヌキを殺そうとしたウサギを、執行猶予にしてもいいいんだろうか？）

証人　タヌキ　検察側　主尋問《しゅじんもん》

検察官は、ウサギに殺されかけたタヌキを証人に呼《よ》んだ。

タヌキはおばあさん殺しの罪で、すでに刑務所《けいむしょ》に入っている。


「あなたはウサギと、どうやって知りあいましたか？」

検察官が質問を始めた。

「警察《けいさつ》からにげてる時、逃亡《とうぼう》先の村で突然《とつぜん》ウサギに声をかけられたんだ」

「あなたはウサギとふたりで山へ行っていますね。なぜ行ったんですか？」

「お金がなくなって困《こま》っていたら、いいアルバイトがあるってウサギが教えてくれて……。たきぎを拾うために、山にいっしょに行ったんだ。

そしたらいきなりさぁ……」

「ウサギが火をつけたんですね！」

〝それはひどい〟という表情をうかべて、検察官は裁判員《さいばんいん》たちに伝わるように、はっきりといった。

「そうだよ！　ほんと熱くてさ！　そこら中《じゅう》、のたうちまわったよ！」

タヌキの言葉に検察官が大きくうなずいている。

「しかもその傷口《きずぐち》にとうがらしみそをぬりつけてきてさー！　あまりに痛《いた》くて、オレ、気を失ったんだ！」

「気を失うほどの痛さ！　ひどいですねぇ」

検察官がしぶい顔をして首を横にふって答えた。

「ほんとだよっ！　しかも、オレが泳げないのをいいことに、泥舟《どろぶね》に乗せて、池にしずめようとしたんだぜっ！　オレは『助けてくれ』って、何度もたのんだんだ」

タヌキは被告人席《ひこくにんせき》に座《すわ》っているウサギを指さしながら続けた。

「でもヤツは『おばあさんのかたきだー』っていって、オールで何度も何度もオレの頭をたたいてしずめようとしたんだ！　なのにさー、村人がかけよってきたら『タヌキさんを助けてください』って、ころっとてのひらを返しやがった！」

聡子《さとこ》がみると、ウサギは深くうなだれている。

（ウサギ、ひどいなぁ……）

神妙《しんみょう》そうにしているウサギの姿《すがた》からは、想像できないようなひどいことを、タヌキはされたのだ。

証人　タヌキ　弁護側　反対尋問《じんもん》

「それでは弁護人、反対尋問をどうぞ」

裁判長《さいばんちょう》の言葉に、弁護人が待ちかねたといわんばかりに席を立つ。

「あなたは、亡《な》くなったおばあさんたちに悪さをくりかえして、『困《こま》らせて』いましたね」

質問しながら自分に近づいてくる弁護人から、顔を背《そむ》けるようにしてタヌキが答える。

「ああ、困らせたよ」

「どんな悪さをしましたか？」

「畑をあらしたり、お金をぬすんだり……」

弁護人の問いに、先程まで勢いのよかったタヌキの言葉が、じょじょにしぼんでいく。

「やりたい放題ですね。

ではなぜあなたは、おばあさんを殺すことになったんですか？」

「あの日は……食べ物をぬすもうとしているところを、おばあさんにみつかって、つかまりそうになったんで……棒《ぼう》でなぐって……にげた……」

「おばあさんを何回なぐったか、覚えてますか？」

弁護人の質問が終わるか終わらないかのうちに、すかさず検察官の声が飛ぶ。

「異議《いぎ》あり！　タヌキの裁判《さいばん》ではありません！」

「タヌキがおばあさんを殺したことが、ウサギの犯行の動機です！」

激《はげ》しい口調の検察官と弁護人の間に、裁判長の静かな声が割《わ》ってはいる。

「異議《いぎ》を棄却《ききゃく》します、弁護人続けてください」

弁護人は裁判長《さいばんちょう》に一礼すると、今度は少し落ちついた声で質問した。

「何度もあなたになぐりつけられて、おばあさんは亡《な》くなったんですよ。なのにあなたは、お殿《との》様とか、おじぞう様とか、行く先々でいろんなものに化けて、警察《けいさつ》からにげつづけましたよね。親のようにしたっていたおばあさんを殺されたウサギが、どんな気持ちだったか、あなたにわかりますか？」

タヌキの顔をのぞきこむようにして、低い声で弁護人がたずねる。

「い、いや、おばあさんを殺したことは悪かったと思うよ。でもさぁ、あそこまでひどいことしなくても、いいじゃないかよ」

あわててタヌキは反論《はんろん》した。

（そもそも、タヌキがおばあさんを殺さなきゃ、ウサギはこんな事件を起こすこともなかったんだよな……）

聡子《さとこ》は再びウサギをみた。ウサギの真っ赤な目は、ゆかの一点をじっとみつめたままだった。

証人　おじいさん　弁護側　主尋問《しゅじんもん》

続いて弁護人はおじいさんを証人に呼《よ》んだ。

こい茶色の着物に、ウサギと同じそでなしはんてんを着ている。めがねのおくの目がつかれきっているようにみえる。

「ウサギとは、どういう関係ですか？」

弁護人がおだやかな声で質問した。

「子どものいないわたしたちには、まるで我《わ》が子のような存在《そんざい》でした。ウサギもよくなついてくれて……。

畑仕事を手伝ってくれたり、かたをたたいてくれたり……。

『この子のためなら、なんでもしてやろう』と、おばあさんはいつもそういってました」

ウサギを優《やさ》しくみつめながら、おじいさんは証言を始めた。

「そうですか……。ではウサギはなぜタヌキにあんなことをしたのでしょう？」

「この子もおばあさんのことが大好きでね。そのおばあさんを殺したタヌキが、なかなかつかまらないので……。

歯がゆくて！　許せなくて！　自分でとっつかまえて、おばあさんの無念をはらしてやろう、そう思ったにちがいありません！」

静かだったおじいさんの口調は、じょじょに強くなっていった。

ウサギは、おばあさんに思いをはせているのかうなずいたり、申しわけなさそうにうつむいたりしながら、おじいさんの証言に聞きいっている。

弁護人がおじいさんを真剣《しんけん》にみつめていった。

「刑務所《けいむしょ》に入れなくても、ウサギは更生《こうせい》できますか？」

「できますとも!!」

おじいさんは確信をもって力強く弁護人に答えた。裁判長《さいばんちょう》の方に向きなおって続ける。

「命のあるかぎり、わたしが責任を持ってウサギを監督《かんとく》します。ですから、刑務所に入れるまでもありません」

（おじいさんといっしょなら、ウサギは大丈夫《だいじょうぶ》かな……）

聡子《さとこ》は小さくうなずいた。

証人　おじいさん　検察側　反対尋問《じんもん》

「おじいさん」

「は、はい……」

優《やさ》しい声で検察官に呼《よ》びかけられ、少し面食らったようにおじいさんが答える。検察官が質問を始めた。

「あなたはどのようにウサギを監督《かんとく》するおつもりですか？」

「いつも、そばについているようにします」

「いつもそばに……ねぇ」

検察官がおじいさんの言葉をくりかえす。

「はい……」

検察官はおじいさんの答えを聞くと、うっすらと顔にうかべていた笑みを消して質問を続けた。

「ところで犯行前、ウサギはどんな様子でしたか？」

「おばあさんが死んで、すっかり落ちこんでいるようでした」

おじいさんの顔をのぞきこむようにして、検察官が質問をたたみかけていく。

「タヌキの殺害を計画していることは、知っていましたか？」

「いいえ、全く知りませんでした」

大きく首を横にふりながら、おどろいたような表情でおじいさんが答えた。

「では、いつ知ったんですか？」

「ウサギが逮捕《たいほ》されたと警察《けいさつ》から聞いて、初めて知りました。そりゃあ、もう、びっくりしました！」

「あなたねぇ、知らなかったとか、びっくりしたとか……一体ウサギの何をみていたんですか⁉」

検察官の言葉に意表を突《つ》かれたのか、おじいさんは答えられずにいる。

「そんなことじゃまた、あなたの知らないところで、ウサギが罪を犯すかもしれないですよね⁉」

「いえいえいえいえ、しっかりみますから……。

がんばりますよ！」

おじいさんは検察官に顔を近づけて、力強くいった。

「……意気ごみだけは、ごりっぱですね！　……以上です」

そういって検察官は引っこんだ。

証言台に残され、不安そうにしているおじいさんをみて、聡子《さとこ》も心配になってきた。

（本当におじいさん、ウサギをちゃんとみていられるのかな……？）

被告人《ひこくにん》　ウサギ　弁護側　主質問

ウサギが証言台に立つ。まずは弁護人から被告人への質問が始まった。

「あなたとおばあさんは、どんな関係でしたか？」

「おばあさんは、ぼくの命の恩人なんです。わなにかかって動けなくなっていたぼくを、懸命《けんめい》に看病《かんびょう》してくれました」

「おばあさんは……どんな人でしたか？」

「優《やさ》しい……人でした。いつもいつも、ぼくのことを気にかけてくれたんです。ずっといっしょにいたい……そう思っていたのに、くやしくてたまりません」

傍聴席《ぼうちょうせき》にいるおじいさんのひざの上に置かれた写真の中で、在りし日のおばあ

さんとウサギが、ふたりで楽しそうに笑っている。

「それでは次に、おばあさんが殺された日のことを教えてもらえますか？」

質問する弁護人もつらそうな表情をうかべている。

「はい……。

家に入ったら、おばあさんは血を流してたおれていました。おばあさんをだきかかえて、『おばあさん、おばあさん』と、何度も呼《よ》びました」

ウサギは一度、顔を天井《てんじょう》へ向け、そして続けた。


「でも……目を開けてはくれませんでした……。もう胸《むね》がはりさけそうでした！

かたきをうつことに、ためらいはありませんでした」

ウサギは毅然《きぜん》として答えた。

「しかし、かたきうちは失敗に終わりました……。あなたはくやしかったのでは

ありませんか？」

「いいえ。むしろ、ほっとしました……」

そういうと、ウサギは深く視線《しせん》を落とした。

弁護人が質問を続ける。

「ほっとした……？　それは、どうしてですか？」

「タヌキを殺さずにすんだからです」

ウサギはきっぱりといいきった。

「あなたの目的は、おばあさんの『かたき』をうつことだったんですよね？」

「そうです」

ウサギが大きくうなずく。

「……でも、こんなことをしても、おばあさんは決して喜んでくれないと気付いたんです」

「そうですか……。

あなたは自分のしたことについて、どう思ってますか？」

ウサギは正面の裁判員席《さいばんいんせき》に向かって顔をしっかりと上げ、こう答えた。

「法に背《そむ》いたことをしてしまい、反省しています。どんな刑罰《けいばつ》も受けます」

ウサギの言葉を聞き、同情するような表情で聡子《さとこ》は小さくうなずいた。

被告人《ひこくにん》　ウサギ　検察側　反対質問

反対質問が始まった。〝待ってました〟といわんばかりに、検察官が立ちあがった。

「改めてお聞きします、タヌキの背中《せなか》に火を放ったのはあなたですね？」

「はい」

「タヌキのやけどにとうがらしみそをぬって、気を失うほどの苦痛《くつう》を与えたのは、あなたですね？」

「はい」

「タヌキを泥舟《どろぶね》に乗せ、池の底にしずめようとしたのは、あなたですね？」

「はい」

検察官は質問のたびに、「あなた」というところを強調していく。ウサギは三度とも、ただ「はい」とだけ答えた。

「おばあさんのかたきをうちたい一心で、そこまでタヌキを追いつめた。それは相当な執念《しゅうねん》だ。

なのに、『殺さずにすんでほっとした』はないでしょ！　……やっぱり、くやしかったんじゃないですか？」

「……いいえ」

ウサギは検察官の目をじっとみながら、大きく横に首をふって答えた。

「もう、気は済《す》んだんですね？」

「……はい」

「では、今度どこかでタヌキにばったり出会ったら、どうしますか？」

裁判員席《さいばんいんせき》の聡子《さとこ》が身を乗りだす。裁判員、傍聴人《ぼうちょうにん》、法廷《ほうてい》にいる全員が固唾《かたず》をのんでウサギの答えを待つ。


「……………」


「以上です」

〝沈黙《ちんもく》〟というウサギの返答のあと、検察官は質問を切りあげた。

（ウサギはどうして答えられないんだろう……。

もしかして、また、タヌキをおそってしまうかもしれないってこと……？）

聡子《さとこ》の前で、ウサギは大きくうなだれた。

最終弁論《べんろん》

最初に立ったのは検察官だった。

「裁判員《さいばんいん》のみなさん、殺意を持ってタヌキを何度も痛《いた》めつけたウサギの犯行に、同情の余地はありません。

しかもいまだタヌキへの殺意は消えておらず、反省しているとはいえません。

同じような罪をくりかえさないためにも、ウサギは『刑務所《けいむしょ》に入って』自分の犯した罪をしっかりつぐなうべきです」

検察官は力強い口調でいいきった。


弁護人が続く。

「裁判員《さいばんいん》のみなさん、ウサギを犯行にかりたてたのは、親のようにしたっていたおばあさんを、タヌキに殺された怒《いか》りと無念です。

ウサギは十分に反省しており、再び罪を犯すことはありません。

おじいさんのもとで、おばあさんのことを思いながら罪と向きあうことが、ウサギを更生《こうせい》させる唯一《ゆいいつ》の道です！

『執行猶予《しっこうゆうよ》』を求めます！」


弁護人は力強く弁論《べんろん》を終えると、裁判員席に向かって深く一礼した。

傍聴席《ぼうちょうせき》のおじいさんはなみだぐんでいる。

「これで全ての審理《しんり》が終わりました。これから裁判員《さいばんいん》のみなさんと判決を話しあいます」

裁判長の言葉で閉廷《へいてい》した。

聡子《さとこ》の心はゆれうごいていた。

(ウサギを刑務所《けいむしょ》に入れるか、それとも執行猶予《しっこうゆうよ》にするか……どうすればいいんだろう……?)

評議

「裁判員《さいばんいん》のみなさん、おつかれ様でした。これから評議に入ります。まずは裁判を終えてどうでしたか？」

裁判長が裁判員全員に声をかけ、評議が始まった。

全員だまりこんでいる。自分たちの出した判決によっては、ウサギは刑務所《けいむしょ》に入ることになるのだ。そんな重みが、部屋いっぱいに充満《じゅうまん》しているようだ。

「感想でもなんでもいいので、お話しいただけますか。高原《たかはら》さん、どうでしょう？」

（ええーっ、いきなり、あたし!?）

最初に指名され、聡子《さとこ》は面食らっている。しばらく考えたあと、聡子は正直な気持ちを話した。

「わたしは正直なところ、ウサギを刑務所《けいむしょ》に入れるのはかわいそうかなって、思いました」

聡子《さとこ》が正直にいったのを聞いて、女性の裁判員《さいばんいん》・立花《たちばな》が続く。

「あたしもウサギには同情する。家族同然のおばあさんを殺されてるんだもん。でも最後にだまっちゃったでしょう。あれが気になるのよね……」

「小泉《こいずみ》さんは、いかがですか？」

裁判長が、40代くらいの男性の裁判員に聞いた。

「ぼくは、きちんと刑務所に入れるべきだと思います。罪を犯したのはまぎれもない事実なんですから」

「うん、みなさん、いろいろな感想を持たれたようですが、結論《けつろん》を急がずに、じっくり考えていきましょう。ウサギに同情するといった方がいますが、まずタヌキに対するウサギの気持ちを考えてみましょうか」

裁判長《さいばんちょう》が裁判員にうながす。

小泉《こいずみ》が続けていった。

「ぼくは、憎《にく》しみしかなかったと思います。まず火をつけるなんて、かんたんにできることではありません。相当な憎しみ、怒《いか》り、殺意がないとできないでしょう。しかもその傷口《きずぐち》にとうがらしって……」

小泉に立花《たちばな》が答えた。

「だけど、優《やさ》しかった自分の家族をさんざん困《こま》らせたあげく、なぐり殺されたら、同じ目にあわせてやろうって思うのは当然じゃないかしら」

「わたしも同じです。なんだかんだいったって、死んだ人は二度とかえってこないんですから……。かたきをうってやるって、わたしも思います」

立花に同調した聡子《さとこ》の言葉を聞いて、小泉がおどろくような表情をうかべていった。

「それじゃあ家族を殺された人はみんな、かたきをうってもＯＫということになってしまうでしょう。タヌキだって一歩まちがえたら死んでいたんだ。じゃあ、今度はタヌキの家族が、ウサギを殺してもいいということになってしまう」

聡子《さとこ》も立花《たちばな》もだまってしまった。

裁判長《さいばんちょう》が立花にたずねた。

「立花さんは先程、ウサギがだまってしまったのが気になるといっていましたね。もう少し、くわしく話していただけますか」

「はい、愛するおばあさんを殺されたウサギには同情します。でも、ウサギはタヌキにけっこうひどいことをしてますよね、しかも何度も。どんどんエスカレートしてるようにも思います。

そして今もタヌキは生きている。結局、おばあさんのかたきうちはできなかったと、ウサギは思っているのではないでしょうか」

小泉《こいずみ》と立花《たちばな》の話を聞いて、聡子《さとこ》はウサギへの同情だけでは、正しい判決には行きつけないのだということに気付いた。

(たしかに、タヌキにあれだけひどいことをしておいて、なんの罰《ばつ》も受けないっていうのはどうだろう……？　それに、かたきうちはまだ終わってないと思ってるとしたら、反省するどころか、またやろうと思うのでは？)


「高原《たかはら》さん、何かありますか？」

裁判長《さいばんちょう》が聡子にたずねる。

「うーん、タヌキがおばあさんを殺したりしなければ、ウサギだってこんな罪を犯さずにすんだわけですよね。それで、はじめは執行猶予《しっこうゆうよ》を認《みと》めてもいいのではと思ったのですが……。

でもウサギがやったことも、たしかにひどいです。結果、タヌキは死ななかったけど、もしつかまっていなかったら、ウサギはさらに罪を重ねて、タヌキを殺していたかもしれません。みなさんの考えを聞いているうちに、わからなくなりました」

「大丈夫《だいじょうぶ》です。『評議は乗り降《お》り自由』です。納得《なっとく》したうえで、考えを変えることは、はずかしいことでもなんでもありません。最終的にみなさんが納得できて、いい判決にたどりつけばいいのです」

裁判長《さいばんちょう》の言葉を聞いて、聡子《さとこ》はもう一度、ウサギの気持ちを考えてみることにした。

第三章　『白雪姫《しらゆきひめ》』裁判《さいばん》

深いグリーンのごうかなドレスがゆかをすべり、サラサラという衣ずれの音が静かな法廷《ほうてい》にひびく。美しいロングヘアの頭の上には、大きなティアラがきらきらとかがやいていた。

ふし目がちに証言台の前に立つ。被告人《ひこくにん》の王妃《おうひ》だ。

今日の裁判で裁《さば》かれるのは王妃。白雪姫に毒リンゴを食べさせて殺そうとした罪に問われている裁判員裁判だ。

このちょっと不思議な裁判《さいばん》の裁判員に選ばれたのは6名。大学生の大平《おおひら》まみもそのひとりだった。

裁判員たちが下す判決が被告人《ひこくにん》のこれからの人生を大きく左右する。女子大生といえども、まみに課せられた責任は重大だ。

「今回の『白雪姫《しらゆきひめ》』裁判で、王妃《おうひ》がどんな罪を犯したというのか、検察官、述べてください」

「はい。起訴状《きそじょう》を読みあげます」

裁判長の言葉に、検察官・霧島翔《きりしましょう》が立ちあがり、まくしたてるように書面を読みはじめた。

「白雪姫の美しさに嫉妬《しっと》をつのらせた被告人の王妃は、白雪姫を殺すことを決意しました。

王妃《おうひ》はリンゴ売りのおばあさんに変装《へんそう》し、森で暮《く》らす白雪姫《しらゆきひめ》を訪《たず》ねました。

そして白雪姫に毒をぬったリンゴを食べさせ、殺そうとしました。

白雪姫は、偶然《ぐうぜん》、現場を通りかかった、となりの国の王子に救われたものの、一時、意識不明の重体におちいりました……。

王妃の犯した罪は刑法《けいほう》第一九九条、第二〇三条の『殺人未遂罪《みすいざい》』に当たります」

検察官は、一直線に王妃に向けたするどい視線《しせん》を動かすことなく、りんとした声で起訴状《きそじょう》を読みおえた。

傍聴席《ぼうちょうせき》の白雪姫は、ずっと不安そうな表情をうかべている。

「被告人《ひこくにん》、今検察官が読みあげた事実に、まちがいはありませんか？」

裁判長《さいばんちょう》の質問に、あきれたような表情をうかべながら王妃は答えた。

「まるでちがいます！　わたくしは、白雪姫《しらゆきひめ》に会いにいってなんかいません！」

射《い》ぬくような目で裁判長《さいばんちょう》をみながら、王妃《おうひ》はきっぱりと否定《ひてい》した。

王妃の答えを聞いた瞬間《しゅんかん》、白雪姫の表情がくもる。その顔には〝なぜそんなうそを！〟と書いてあるようにみえた。


「弁護人の意見はいかがですか？」

「王妃は犯人ではありません。『無実』です！」

裁判長の問いに、弁護人・藤《ふじ》豊彦《とよひこ》が立ちあがって答えた。


まみはずっと王妃の顔をみていた。

（王妃は犯行を全面否定か……）

王妃は、一歩もゆずらないような強いオーラをかもしだしている。

（もし王妃《おうひ》が犯人じゃないのに有罪にしてしまったら、無実の人を刑務所《けいむしょ》に送ることになる。王妃は本当に白雪姫《しらゆきひめ》を殺そうとしたんだろうか……？）

裁判《さいばん》は始まったばかりだというのに、まみの頭の中はすでに〝？〟でいっぱいだった。

証人　白雪姫　検察側　主尋問《しゅじんもん》

証言台の前に白雪姫が立つ。不安そうな表情がよりいっそう美しく、はかなげにみせている。

検察官が呼《よ》んだ最初の証人だ。

「あなたは森で暮《く》らす前、どこで暮らしていましたか？」

できるだけ白雪姫に不安を感じさせないように、検察官はやわらかい口調でたずねた。

「お城《しろ》です、王妃《おうひ》といっしょに暮《く》らしていました。わたしは小さいころから、いつも王妃にいじめられていました」

つらい記憶《きおく》を必死にたぐりよせるように、白雪姫《しらゆきひめ》は、ぽつりぽつりと証言を続ける。

「王妃は毎晩《まいばん》、魔法《まほう》の鏡に『この世でいちばん美しいのはだれ？』と聞いていました。

鏡が『それは白雪姫です』と答えると、王妃はいつもあれくるい、わたしをののしりました……。

『あなたの美しさが憎《にく》い！　あなたさえいなければ、わたくしがいちばんなのに！』って……」

王妃のひどい仕打ちがよみがえったのか、じょじょに白雪姫の口調が激《はげ》しく

なっていく。

「そのあとあなたは、お城《しろ》を出ましたね？」

検察官の質問に少し落ちつきを取りもどし、白雪姫《しらゆきひめ》が答えた。

「半年前から、森の小屋でひとりで暮《く》らしています」

王妃《おうひ》と白雪姫との関係をひとつひとつ確認《かくにん》するように、裁判員席《さいばんいんせき》のまみは小さく頭を上下させている。


「では次に事件当日のことについて、お聞きしますね。あなたは、リンゴ売りのおばあさんが、王妃だと気付かなかったのですか？」

「最初は気付きませんでした。すっかりおばあさんの声でしたから……。それに大きなフードをすっぽりかぶって、鼻も魔女《まじょ》のように大きかったんです」

検察官は納得《なっとく》したようにうなずきながら続ける。

「なるほど……王妃《おうひ》は変装《へんそう》して、あなたを油断させるつもりだったんですね」

「はい……。おばあさんに、めったに手に入らないおいしいリンゴだといわれて、思わずドアを開けてしまいました」

「あなたはリンゴがお好きですか？」

「はい、この世でいちばん好きなんです」

はにかむような笑みをうかべて、白雪姫《しらゆきひめ》が答えた。

「なるほど、それで王妃は、リンゴを……。

リンゴを食べたら、あなたはどうなりましたか？」

先程の笑みがすうっと白雪姫から消える。

「胸《むね》が急に苦しくなって、なんだか意識がもうろうとしてきました……。もがき苦しむわたしをみて、おばあさんが高笑いをしたんです。それが、あのおそろしい王妃の声で……。

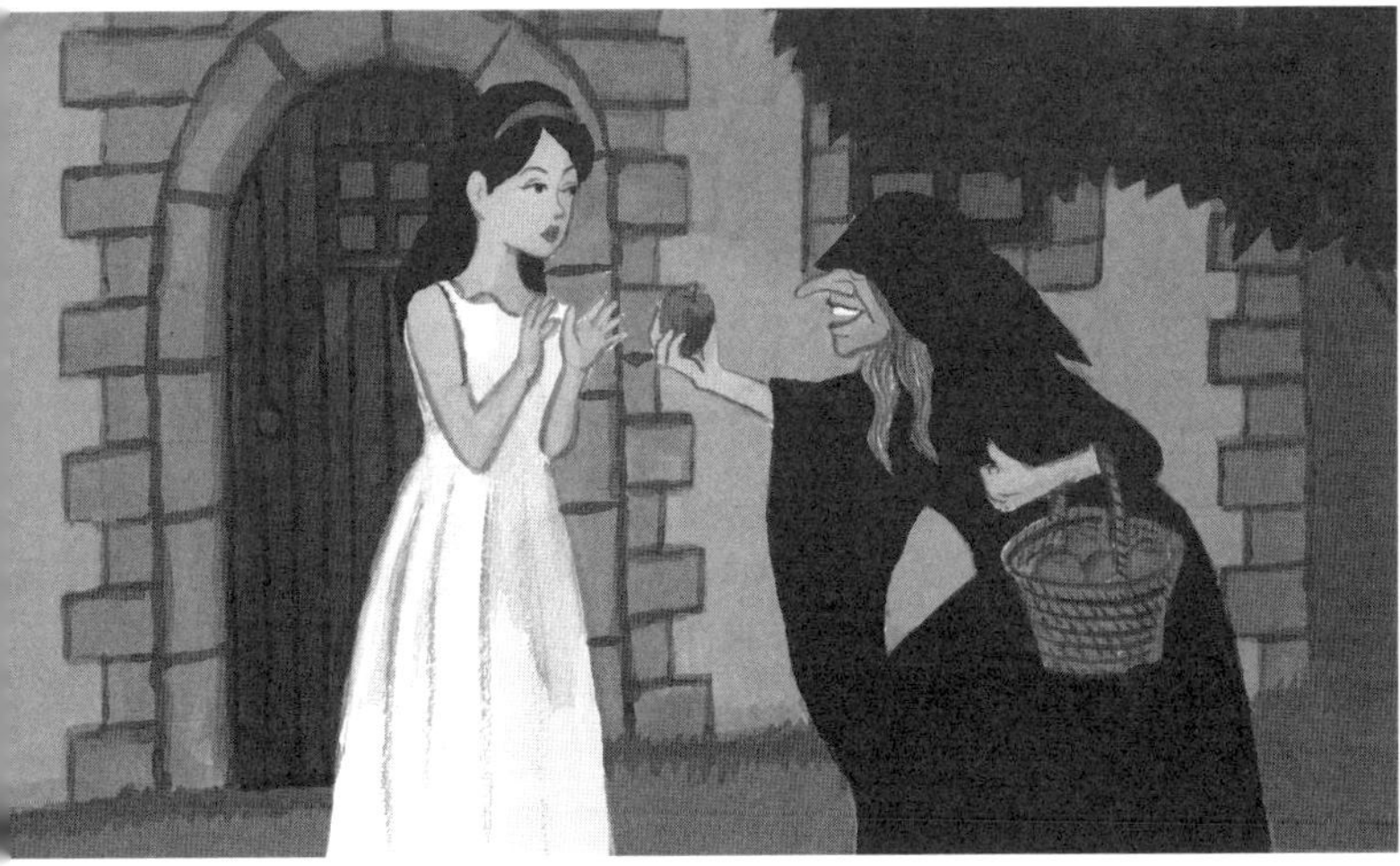

そのあと、わたしは気を失いました。気がつくと王妃《おうひ》の姿《すがた》はなくて、となりの国の王子がいました」

間髪《かんはつ》を入れず、検察官がたずねる。

「王子が現れなければ、あなたは死ぬところだったんですね？」

「はい……今思い出してもゾッとします」

その時の恐怖《きょうふ》がよみがえってきたのか、白雪姫《しらゆきひめ》が目をふせる。

被告人席《ひこくにんせき》の王妃は、ずっと苦々しい表情で白雪姫の証言を聞いていた。

証人　白雪姫　弁護側　反対尋問《じんもん》

「弁護人、反対尋問をどうぞ」

裁判長《さいばんちょう》の言葉に、弁護人が立ちあがり質問を始めた。

「あなたは、おばあさんの高笑いを聞いて、おばあさんが王妃《おうひ》だと気付いたんですね？」

「はい……そうです……」

白雪姫《しらゆきひめ》のまわりをゆっくりと歩きながら、弁護人がたずねる。

「毒がまわって意識がもうろうとしていたんですよね？　そんな状況《じょうきょう》の中で、まともな判断ができるものでしょうか？」

「王妃の高笑いは今も悪夢にうなされるほど、頭にこびりついているんです」

「では次に、あなたを助けた王子についてうかがいます」

白雪姫を威圧《いあつ》するように、弁護人は白雪姫に一歩近づいて続けた。

「あなたは、事件前から王子のことを知っていましたか？」

「王子に会ったのは、その時が初めてです」

「ほお！　は・じ・め・て、ですか？」

「はい……」

白雪姫《しらゆきひめ》の答えを聞いた王妃《おうひ》の顔が、うっすらと笑ったようにみえた。

「ほおー」

大げさにうなずきながら、弁護人はまた白雪姫の周囲をまわりはじめた。

「あなたは広い森の中で、偶然《ぐうぜん》、王子に助けられた……。お美しいうえに、運もお強いんですね」

バンッ！

検察官が両手で机《つくえ》をたたいて立ちあがった。

「異議《いぎ》あり！　美しいこと以外、本件には関係ありません！」

「以上です……」

冷静にそういうと、弁護人は席へもどった。

裁判員席《さいばんいんせき》に座《すわ》るまみからは、白雪姫がよくみえる。

（たしかに白雪姫《しらゆきひめ》はすごい偶然《ぐうぜん》で命を救われたことになる……。

でも、なぜ弁護人は王子について聞いたんだろう？）

まみは弁護人の質問の意図を考えていた。

証人　狩人《かりゅうど》　検察側　主尋問《しゅじんもん》

次に検察官は、以前お城《しろ》で働いていた狩人を証人に呼《よ》んだ。大がらな初老の男で毛皮をまとっている。

「事件の半年前、白雪姫がまだお城にいる時、あなたは王妃《おうひ》に何か命じられましたか？」

「白雪姫を森に連れだして、殺せっていわれたよ」

実直そうに話す狩人の言葉が、傍聴席《ぼうちょうせき》に波紋《はもん》を起こす。

「白雪姫《しらゆきひめ》を、殺せと……。

あなたはその命令を実行しましたか？」

「なんの罪もねえ白雪姫を、殺せっこねぇじゃない。んでー、森ににがしてやったんだ」

検察官は少しうなずいて、質問を続ける。

「王妃《おうひ》にはなんと伝えたんですか？」

「……白雪姫を殺したって……うそ、ついたよ。

白雪姫が生きてるってばれたら、王妃に……」

狩人《かりゅうど》はいってしまってもいいのかどうかを確認《かくにん》するように、一度被告人席《ひこくにんせき》の王妃をみてから、証言を続けた。

「……王妃に、何をされるか、わかったもんじゃねえからな」

王妃は表情ひとつ変えず、狩人をみすえている。

「今回の事件も、王妃《おうひ》の仕業だと思いますか？」

「いやぁ、それはわかんねぇけどさぁ……。王妃は嫉妬《しっと》と執念《しゅうねん》のかたまりみたいな人だってことはいえるね」

その時、王妃の右ほほがわずかにゆがんだように、まみにはみえた。

自分の視線《しせん》の先にいる王妃が、どんどん悪人面にみえてくる。

（狩人《かりゅうど》のいうことが本当なら、白雪姫《しらゆきひめ》が生きていることを知った王妃は、自分で息の根を止めにいくかも……？）

証人　狩人　弁護側　反対尋問《じんもん》

まみがそんなことを考えていると、弁護人が狩人への反対尋問を始めた。

「王妃が白雪姫を殺すよう命じたことを、だれかに話しましたか？」

「ああ、白雪姫《しらゆきひめ》には、いったよ」

「つまり……白雪姫は、王妃《おうひ》が自分の命をうばおうとしていることを知ってしまった……王妃に特別な感情をいだいても不思議ではありませんね？」


(特別な感情……？)

まみには、それがどんな〝感情〟なのかピンとこなかった。

弁護人の質問が続く。


「では事件の3日前のことについておうかがいします。あなたは森の中で、何かみたそうですね？」

「えっ、あー……、森で狩《か》りをしてたら、白雪姫をみかけたよ」

狩人《かりゅうど》が少し小さな声で答えた。

「白雪姫《しらゆきひめ》は、何を、していましたか？」

「若《わか》い男と切り株《かぶ》に腰《こし》かけて、おしゃべりしてたよ」

狩人《かりゅうど》の言葉を聞き、弁護人の顔がパッと明るくなる。

「ほおーっ、その若い男って、この人ですか？」

弁護人はおもむろに一枚《まい》の写真を狩人に差しだした。

傍聴席《ぼうちょうせき》の白雪姫が思わず身を乗りだす。

「おぉ、よーく似てるねぇ」

「あなたは、この人が白雪姫のことを助けた『王子』だということを、知っていましたか？」

「へぇぇ。知らなんだ」

弁護人が強調した「王子」という言葉を聞いて、傍聴席がざわつきはじめる。

「ちょっと！　勝手なこといわないで！」

狩人《かりゅうど》の言葉をさえぎるように、白雪姫《しらゆきひめ》が傍聴席《ぼうちょうせき》からさけんだ。

(白雪姫と王子って、事件の前から知りあいだったの!? じゃあ、なんで初めて会ったなんて、うそをつく必要があったんだろう……)

ふたりの証人尋問《じんもん》が終わっても、まみの疑念《ぎねん》と混乱《こんらん》は深まるばかりだった。

被告人《ひこくにん》 王妃《おうひ》 弁護側 主質問

いよいよ、被告人・王妃への質問が始まった。

まず弁護人が王妃にたずねる。

「では、犯行に使われたリンゴについてうかがいます。リンゴにはあなたの指紋《しもん》は、ひとつも付いていませんでした」

「当然です。わたくしはさわっていないんですから」

王妃《おうひ》ははっきりとした口調でいった。

「ところが犯行に使われた全身をおおうケープとつけ鼻には、あなたの指紋《しもん》が付いていた……。これは一体、どういうことでしょう？」

うす笑いをうかべた王妃が続けて答える。堂々と答える様子は余裕《よゆう》すら感じられる。

「と・う・ぜ・んですよぉ、わたくしの持ち物なんですから」

「ああ、それであれば、あなたの指紋が付いていて当然だ」

弁護人は大きくうなずき、質問を続ける。

「でもなぜ、そんなものをお持ちだったんですか？」

「お城《しろ》で行われる仮装《かそう》パーティー用に買ったんです……。今年は魔法《まほう》使いの仮装をする予定でした」

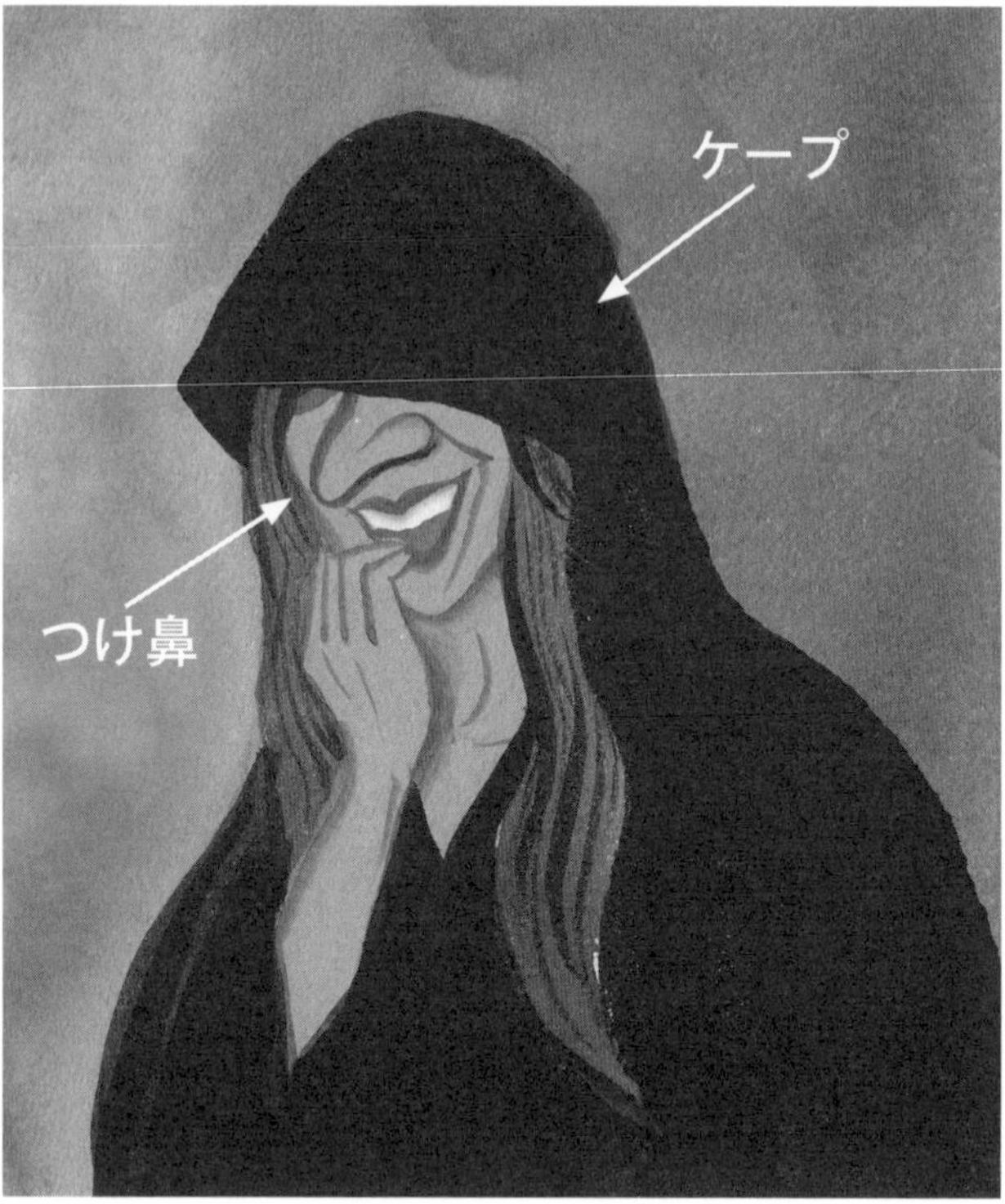
ケープ
つけ鼻

きっぱりと王妃《おうひ》が答える。

「ではどうして、あなたの仮装《かそう》パーティー用の衣装《いしょう》が犯行に使われたのか？」

「だれかが……こっそり部屋から持ちだしたのよ」

弁護人がすかさず王妃にたずねる。

「部屋から持ちだす⁉」

「ええ。……事件のあった夜、夕食を食べて、お茶を飲んだとたん、すんごい眠《ねむ》気《け》がおそってきたの、それで朝までぐっすり！

だれかお茶に……『眠《ねむ》り薬』でも入れたんじゃないかしら？」

「だれかに、はめられたんですねっ！」

弁護士は大仰《おおぎょう》にいった。

「あなたをはめたのはだれか、思いあたる人はいますか？」

「さあ、だれかしら……。お城《しろ》の者はみんな、わたくしのことをきらっていますから……。

でも、白雪姫《しらゆきひめ》のことは、みんな大好き、昔からあの子のいうことは、みんな、なんだって聞くのよねぇ」

王妃《おうひ》は、傍聴席《ぼうちょうせき》に座《すわ》る白雪姫に、ゆっくりと視線《しせん》を向けた。

まみは、今聞いたことを頭の中で整理する。

(つまり……白雪姫がお城《しろ》の人と手を組んで、王妃を犯人に仕立てたってこと?

そういえば、狩人《かりゅうど》も白雪姫が「若《わか》い男と切り株《かぶ》に腰《こし》かけて、おしゃべりしてた」といっていた。

もしかして……王子も白雪姫の仲間!?)

被告人《ひこくにん》　王妃《おうひ》　検察側　反対質問

被告人に対する検察官の質問が始まった。

「では事件のあった日、あなたが朝までぐっすり眠《ねむ》っていたというアリバイを、証明できる人はいますか？」

「いいえ、おりません」

「アリバイはないということですね？」

その質問に対する王妃の答えはなかったが、検察官はかまわず次の質問にうつった。

「ところであなたは、リンゴがお好きですか？」

「好きではありません」

「しめたっ」といわんばかりに、検察官の笑い声が王妃《おうひ》の返答に重なった。

「ははははは。あーれー、おかしいですねー、あなたのパソコンの検索履歴《けんさくりれき》を調べたところ、事件の5日前に『おいしいりんご』と検索したあとがあったんですけど……。リンゴがお好きでないのに、なぜ調べたんですか？」

「異議《いぎ》あり！　本件とは関係ありません」

すかさず立ちあがった弁護人の言葉が、検察官をさえぎった。まみは裁判員席《さいばんいんせき》から身を乗りだしている。

「わたくしが食べるためですわ」

「リンゴがお好きでないと、おっしゃいましたよね？」

少し怒気《どき》をふくんだ検察官の質問が王妃に返る。

王妃はにっこり笑って検察官に答えた。

「ほんとはね、リンゴ、大好きなの！　でも……白雪姫《しらゆきひめ》と同じ物が好きだなんて、わたくしのプライドが許さない……。

だから、こっそり取りよせたの」

思わず白雪姫《しらゆきひめ》が傍聴席《ぼうちょうせき》で立ちあがる。

「そんなのいいのがれよ！　そのリンゴをわたしに食べさせたのよ！」

「静粛《せいしゅく》に！」

裁判長《さいばんちょう》が、木づちをたたきながら白雪姫を制止する。ところが、いらだちが頂《ちょう》点《てん》に達したのか、白雪姫は止まらない。

「もおー、いいかげん認《みと》めなさいよ！　……この……ババア！」

白雪姫がいった「ババア」ということに、それまで冷静な態度を変えなかった王妃《おうひ》の表情が一変。

歯ぎしりしながら白雪姫に向かっていく。

「あんたがわたしをはめたくせに!!」

「あんたがあたしを殺そうとしたんでしょうが！」

ついに法廷内《ほうていない》で、王妃《おうひ》と白雪姫《しらゆきひめ》の取っくみあいが始まった。

あわてて検察官、弁護人がふたりの間に止めにはいる。

「静粛《せいしゅく》に！　静粛に！」

（あらーケンカになっちゃった!!　王妃と白雪姫、一体どっちを信用すればいいんだろう……？）

なやむまみの横で、裁判長《さいばんちょう》の声と木づちをたたく音が鳴りひびいていた。

最終弁論《べんろん》

検察官による最終弁論が始まった。

「裁判員のみなさん、王妃の殺意は明白であり、王妃の犯行を裏付《うらづ》ける証拠《しょうこ》は、十分にそろっています。

さらに、王妃《おうひ》の犯行当日のアリバイはありません。

白雪姫《しらゆきひめ》が王妃をはめたという主張は、罪をのがれるための、たわごとに過ぎません。

……王妃は、『有罪』です！」

弁護人が続く。

「裁判員《さいばんいん》のみなさん、犯行に使われたリンゴには、王妃の指紋《しもん》はありません。

犯人の高笑いが王妃の声だったと白雪姫は証言しましたが、意識が遠のく中での記憶《きおく》をどこまで信じられるでしょうか。

王妃を犯人だとする証拠《しょうこ》は、不十分です！

王妃《おうひ》は『無罪』です！」

「これで全ての審理《しんり》が終わりました。これから裁判員《さいばんいん》のみなさんと、判決を話しあいます」

裁判長《さいばんちょう》が閉廷《へいてい》を告げる。

まみたち裁判員には、これから裁判官といっしょに判決を考える大事な役目が待っている。

（王妃は白雪姫《しらゆきひめ》を殺そうとしたんだろうか？　それとも無罪なんだろうか？　どっちなんだろう……？）

審理が全て終わっても、王妃が本当に犯人なのか、それとも王妃のいうように白雪姫が王妃をはめたのか、まみにはどちらの確信もなかった。

評議

「いやー大変な法廷《ほうてい》だったわね」

「まさか取っくみあいになるとは、思いもしませんでしたよ」

裁判員《さいばんいん》の高田《たかだ》と重盛《しげもり》がいいながら、部屋に入ってきた。高田は40代くらいの女性、重盛は70歳《さい》くらいにみえるおじいさんだ。


これから『白雪姫《しらゆきひめ》』裁判の評議が始まろうとしている。

「みなさん、おつかれ様でした。これから評議に入ります。裁判を終えての感想や疑問《ぎもん》に思ったことなど、なんでも自由にお話しください」

裁判長の言葉が終わるか終わらないかというタイミングで、高田が口を開いた。

「王妃《おうひ》は絶対有罪ですよ。あたし、わかるんですよね、年齢《ねんれい》近いし、王妃が若《わか》い子、嫉妬《しっと》するの。まわりは若いってだけでちやほやするし……」

「まあまあ、じっくり考えていきましょう」

重盛《しげもり》に止められ、高田《たかだ》はいったん口をつぐんだ。

重盛があとを引きうける。

「たしかに王妃が白雪姫《しらゆきひめ》をよく思っていなかったのは本当でしょう。若く美しい白雪姫に、いわば美の女王の座《ざ》をうばわれて、城《しろ》から追いだしているわけですからね」

高田が横で大きくうなずいている。

「では最初に、今回の裁判《さいばん》の争点を整理しておきましょう。老婆《ろうば》が白雪姫に毒をぬったリンゴをわたして殺そうとしたのかという点と、その老婆が王妃だったのかという点。皆さん、この2つということでよろしいでしょうか」

裁判長《さいばんちょう》が提案した。

「その2つ目の点。もし老婆《ろうば》が王妃《おうひ》だったとしたら、わたしはどうしても腑《ふ》に落ちないんですよ」

「どうしてよ？」

高田《たかだ》がいぶかしげに重盛《しげもり》にたずねる。高田は、重盛も自分と同じ王妃有罪派《ゆうざいは》だと思っていたようだ。

「なんとなく……」

「はあ？」

「いや、気持ちとしてね、あのプライドの高そうな王妃が、みにくい老婆に変装《へんそう》するっていうのが不思議に思うんです。それに実際に、もし王妃が化けていたとしたら、自分の指紋《しもん》の付いていないケープとつけ鼻を用意するのではないでしょうか？」

重盛《しげもり》の正面で、まみははっとした顔をしている。

（たしかに王妃《おうひ》が犯人だとしたら、わざわざ自分の指紋《しもん》の付いたもので変装《へんそう》するなんておかしい……。あたしも王妃は有罪だと思ってたんだけどな……）

「それに……」

重盛が続ける。

「白雪姫《しらゆきひめ》は、意識不明の重体になるほどの状況《じょうきょう》ですからね、そんな中で聞いた声を、王妃の声だと聞きわけ、しかも覚えていられるというのが、どうもね……」

「でもずっと、いじわるされつづけていた人の声だから、頭にこびりついているって、そういうこと、あると思います」

まみがいった。まみ自身にも覚えがあった。

「うん、でももしそもそも老婆《ろうば》が王妃でないとしたら、『王妃の声の高笑いを聞いた』という白雪姫《しらゆきひめ》の証言自体、事実ではなくなるよね」

おだやかな口調ながら、重盛《しげもり》が間髪《かんはつ》を入れず切りかえしてくる。

「じゃあ重盛さんは、白雪姫と王子がグルで王妃《おうひ》を犯人に仕立てたと思ってるの？ だとしたら、王妃のケープとつけ鼻を持ちだした者も、別にいるかもしれないわね……」

高田《たかだ》が重盛にいった。はじめ有罪といっていた高田も、王妃無罪説にかたむいているようだ。

納得《なっとく》できないまみが、全員の顔をみながらいった。

「でも白雪姫は王妃をわなにかけるために、意識不明になるくらい毒を自ら食べたりするでしょうか？」

「白雪姫と王子が真犯人とはいってませんよ」

冷静に話す重盛に、高田が王子のことを聞く。

「王子といえば、あの狩人《かりゅうど》がいってたことは、どうなのかしら？　白雪姫《しらゆきひめ》が事件の3日前に話していた男が、王子に似てたって……」

「白雪姫と話していたのが王子だとすると、白雪姫が事件当日に王子に初めて会ったと、うそをついたことになります。でもそれは、王妃《おうひ》が犯人であるかどうかを判断できることではないですよね。逆にその男が王子でなかったとしても、王妃が有罪か無罪かを決定づけることではありませんね」

重盛《しげもり》が話すたびに、高田《たかだ》もまみも「うーん」と考えこむ。

「じゃ、あれはどう？　王妃が好きでもないリンゴについて、検索《けんさく》していたっていう話。好きじゃないっていっておきながら、検察官につっこまれたとたん、『本当は好きでした』って。子どものいいわけじゃあるまいし、これはあやしいんじゃない？」

決定的なことをみつけたといわんばかりに、高田は目をかがやかせている。

「王妃《おうひ》がリンゴを好きだろうが、きらいだろうが、王妃はパソコンで検索《けんさく》し、リンゴを取りよせただけですよね。

そのリンゴが、白雪姫《しらゆきひめ》を毒殺しようとしたリンゴであるかどうかはわからない。王妃は本当に、リンゴが好きなのかもしれないし……。リンゴは美容にもいいですからね」

「でも王妃は事件当日のアリバイがないです」

まみはだれも話していなかったアリバイのことをいってみたが、あっさりと重《しげ》盛《もり》にいいかえされた。

「アリバイがないのは当然ともいえるでしょうね。王妃は城中《しろじゅう》の人間からきらわれていたんだから、だれかが王妃といっしょにいる方が、むしろ不自然ではないかな」

結局、王妃《おうひ》が「白雪姫《しらゆきひめ》を殺せ」といっていたことは、狩人《かりゅうど》が証言しているので事実といえるかもしれないが、実際に王妃が白雪姫を殺そうとしたのかどうかを決定づけるものは、何もないようだった。

「うーん、だんだん王妃は無罪に思えてきた」

高田《たかだ》が頭をかかえていった。

まみは勇気を出して、裁判長《さいばんちょう》に聞いてみた。

「裁判長、ひとつ聞いてもいいですか？　もし王妃が有罪か無罪か意見がまとまらない時は、多数決で決めるんでしょうか？」

「最終的には多数決ということになります。でもここまで話してきたことを、もう一度考えてみませんか。ひとつのことも王妃の側から、白雪姫の側からと見方を変えてみると、またちがうことがみえてくるかもしれません。みなさんが納得《なっとく》いくまで話しあいましょう」
評議をみまもっていた裁判長《さいばんちょう》が、ゆっくりと裁判員全員をみわたしていった。

NHK Eテレ「昔話法廷」
番組企画・制作　NHK
ディレクター　平井雅仁
プロデューサー　藤森康江

昔話法廷

初版発行／2016年8月　第38刷発行／2023年11月
編・NHK Eテレ「昔話法廷」制作班
原作・今井雅子　法律監修・イマセン　挿画・伊野孝行
編集協力　ニシ工芸株式会社
発行所　株式会社金の星社　〒111-0056　東京都台東区小島1-4-3
TEL 03-3861-1861（代表）　FAX 03-3861-1507
振替 00100-0-64678　ホームページ https://www.kinnohoshi.co.jp
製版・印刷　株式会社広済堂ネクスト　製本　牧製本印刷株式会社
127ページ　19.4cm　NDC327　ISBN978-4-323-07365-1
乱丁落丁本は、ご面倒ですが小社販売部宛にご送付ください。
送料小社負担でお取り替えいたします。

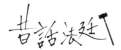